Dieses Buch gehört:

_____

Sei lieb zu diesem Buch!

ISBN 3-8157-2095-8

© 2001 Coppenrath Verlag, Münster
Noten- und Textsatz: prima nota GmbH, Korbach
Alle Rechte vorbehalten, auch auszugsweise

Printed in Italy

Schlafe, mein Prinzchen, schlaf ein

Die schönsten Lieder zur guten Nacht

Herausgegeben von Nicola Dröge · Mit Bildern von Sabine Lohf

COPPENRATH VERLAG MÜNSTER

1. Guter Mond, du gehst so stille

Gu – ter Mond, du gehst so __ stil – le durch die
A – bend – wol – ken __ hin; dei – nes Schöp – fers wei – ser __
Wil – le hieß auf je – ner Bahn dich ziehn. Leuch – te
freund – lich je – dem Mü – den in das stil – le Käm – mer –
lein __ und dein Schim – mer gie – ße __
Frie – den ins __ Kin – der – herz __ hi – nein.

M: Volkslied
T: Theodor Enslin

2. Hoch am Himmel steht der Mond

Hoch am Him - mel steht der Mond, mein klei - ner Spatz.

Schenk mir ei - ne Fe - der, ich schreib ei - nen Satz.

Ha - be kei - ne Ker - zen und kein Feu - er hier,

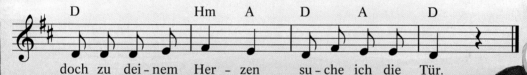

doch zu dei - nem Her - zen su - che ich die Tür.

2. Hoch am Himmel steht der
   Mond, sagt Spätzchen nett.
   Habe keine Feder,
   bin doch schon im Bett.
   Mach nur deine Runde
   hin zur Nachbarin.
   Die hat um die Stunde
   Feuer im Kamin.

3. Hoch am Himmel steht der
   Mond vorm Wolkenflor.
   Zu der Dunklen geht er
   und klopft an ihr Tor.
   Hört die Schöne fragen:
   „Wer mag das wohl sein?"
   „Lass mich", hört sie sagen,
   „in dein Herz hinein!"

T und M: Ulrich Maske

3. Kleiner Stern

Blitzt und blinkst du, klei‑ner Stern, klei‑ner Stern, ich hab dich gern.

Stehst du da am Him‑mels‑zelt, leuch‑test in die dunk‑le Welt.

Blitzt und blinkst du, klei‑ner Stern, klei‑ner Stern, ich hab dich gern.

Ken‑ne die‑se Stra‑ße nicht, dank dir für ein biss‑chen Licht.

Wüss‑te nicht, wie soll ich gehn, könn‑te ich dich nicht mehr sehn.

2. Blitzt und blinkst du, kleiner Stern, kleiner Stern, ich hab dich gern.
kleiner Stern, ich hab dich gern. Lösch dein Licht nun ruhig aus,
Leuchte noch ein bisschen mehr, denn jetzt bin ich ja zu Haus.
ist so dunkel ringsumher. Morgen ist ein neuer Tag,
Blitzt und blinkst du, kleiner Stern, dem die Sonne leuchten mag.

T und M: Ulrich Maske

4. Wenn ich nachts nicht schlafen kann

Kind:

Wenn ich nachts nicht schla - fen kann, gu - cke ich mir Ster - ne an.

Such mir ei - nen klei - nen Stern. Sa - ge ihm, ich hab dich gern.

Und zu mei - nem gro - ßen Glück flüs - tert dann mein

Stern zu - rück: _____

kl. Stern:

Men - schen - kind, Men - schen - kind, vie - le Ster - ne um mich sind.

A - ber ich bin ganz al - lein, denn mein Licht ist schwach und klein.

Men-schen-kind, Men-schen-kind, vie-le Ster-ne um mich sind.

Doch nur du hast mich ge-sehn. Da-für sag ich dan-ke-schön!

Dan - ke - schön!

2. Wenn ich nachts nicht schlafen kann,
gucke ich mir Sterne an.
Und mein kleiner Lieblingsstern
ist auf einmal nicht mehr fern.
Denn ich träum, mein Stern, er fällt
hoch vom Himmel auf die Welt.
Menschenkind, Menschenkind,
draußen weht der Abendwind.
Weht ganz sacht und weht ganz leise,
nimmt uns mit auf eine Reise.
Menschenkind, Menschenkind,
gut, dass wir zusammen sind!
Denn wir werden vieles sehn,
lernen diese Welt verstehn,
Welt verstehn.

M: Ludger Edelkötter
T: Jutta Richter

5. Ich habe keine Angst mehr

Refrain

Ich ha-be kei-ne Angst __ mehr __ und schla-fe ganz ruhig ein, denn Gott will mich be-schüt-zen __ und __ will __ im-mer bei __ mir __ sein.

Strophe

Ich denk mir oft Ge-schich-ten __ aus __ von Tie-ren groß und klein. __ Vom klei-nen Ti-ger __ und __ vom Bär — al-le soll'n mei-ne Freun-de __ sein. __

Fism ... **H⁷**

Und wenn es mal ganz dun - kel ist, bin

E **H** **Cism⁷** **Fism⁷** **H⁷**

ich doch nicht al - lein. Ich ha - be im - mer ei -

Em⁷ **A**

- nen Freund und der wird bei mir sein.

2. Ich habe keine Angst mehr
und schlafe ganz ruhig ein,
denn Gott will mich beschützen
und will immer bei mir sein.
Hab ich mal einen bösen Traum,
dann denke ich daran:
Ich kann viel Schönes singen
und fang leis zu singen an.

Ein Lied von bunten Blumen
und von Leuten, die ich mag,
vom schwarzen Kater Joschi
und einem schönen Tag.
Ich habe keine Angst mehr
und schlafe ganz ruhig ein,
denn Gott will mich beschützen
und will immer bei mir sein.

M: Ute Rink
T: Friedemann Rink

6. Schlaf gut, kleiner Fuß

Der ei - ne klei - ne Fuß sagt zu dem an - dern

Fuß: Schlaf gut, klei - ner Fuß! Schlaf

ein und ruh dich aus! Bist heut so viel

rum - ge - laufen. Es wird Zeit mal zu ver - schnaufen.

Klei - ner Fuß, schlaf ein und ruh dich aus!

2. Das eine kleine Knie sagt zu dem andern Knie:
   Schlaf gut, kleines Knie! Schlaf ein und ruh dich aus!
   Warst heut so oft eingeknickt.
   Bist doch schon fast eingenickt.
   Kleines Knie, schlaf ein und ruh dich aus!

3. Das eine kleine Bein sagt zu dem andern Bein:
   Schlaf gut, kleines Bein! Schlaf ein und ruh dich aus!
   Hast für heut genug getan.
   Schmieg dich an die Decke an.
   Kleines Bein, schlaf ein und ruh dich aus!

4. Die eine kleine Hand sagt zu der andern Hand:
   Schlaf gut, kleine Hand! Schlaf ein und ruh dich aus!
   Hast heut so viel angefasst.
   Nun verdienst du eine Rast.
   Kleine Hand, schlaf ein und ruh dich aus!

5. Das eine kleine Ohr sagt zu dem andern Ohr:
   Schlaf gut, kleines Ohr! Schlaf ein und ruh dich aus!
   Heute gab's genug zu hören.
   Kein Geräusch soll dich mehr stören.
   Kleines Ohr, schlaf ein und ruh dich aus!

6. Das eine Augenlid sagt zu dem andern Lid:
   Schlaf gut, kleines Lid! Schlaf ein und ruh dich aus!
   Schließ das müde Auge zu.
   Und dann träumen wir im Nu.
   Komm, wir schlafen ein und ruhn uns aus!

M und T: Martin Buchholz

7. Sandmännchen

Sand – männ – chen kommt ge – schli – chen und guckt durchs Fens – ter – lein,

ob ir – gend noch ein Lieb – chen mag nicht zu Bet – te sein.

Und wo es nur ein Kind – lein fand, streut es ins Aug ihm Sand:

Schla – fe, schla – fe, __ du mein Kind – lein, schla – fe ein!

M und T: W. F. von Zuccalmaglio

8. Der Mond ist aufgegangen

Der Mond ist auf-ge-gan – gen, die gold – nen Stern – lein
pran – gen am Him-mel__ hell und klar; der
Wald steht schwarz und schwei – get und aus den Wie – sen
stei – get der wei – ße Ne – bel wun – der – bar.

2. Wie ist die Welt so stille
   und in der Dämmrung Hülle
   so traulich und so hold
   als eine stille Kammer,
   wo ihr des Tages Jammer
   verschlafen und vergessen sollt.

3. Seht ihr den Mond dort stehen?
   Er ist nur halb zu sehen
   und ist doch rund und schön!
   So sind wohl manche Sachen,
   die wir getrost belachen,
   weil unsre Augen sie nicht sehn.

4. Wir stolzen Menschenkinder
   sind eitel arme Sünder
   und wissen gar nicht viel.
   Wir spinnen Luftgespinste
   und suchen viele Künste
   und kommen weiter von dem Ziel.

5. So legt euch denn, ihr Brüder,
   in Gottes Namen nieder.
   Kalt ist der Abendhauch.
   Verschon uns, Gott, mit Strafen
   und lass uns ruhig schlafen
   und unsern kranken Nachbarn auch.

M: Joh.A.P. Schulz
T: Matthias Claudius

9. Schlafe, mein Prinzchen, schlaf ein

Schla-fe, mein Prinz-chen, es ruhn Schäf-chen und Vö-gel-chen nun: Gar-ten und Wie-sen ver-stummt, auch nicht ein Bien-chen mehr summt, Lu-na mit sil-ber-nem Schein schau-et zum Fens-ter he-rein; schla-fe beim sil-ber-nen Schein! Schla-fe, mein Prinz-chen, schlaf ein! Schlaf ein, schlaf ein!

2. Wer ist beglückter als du,
   findet Vergnügen und Ruh?
   Spielzeug und Bonbons sind da
   und kleine Englein sind nah.
   Sie sind besorgt und bereit,
   dass nur mein Prinzchen nicht schreit.
   Was wird, ach, später es sein?
   Schlafe, mein Prinzchen, schlaf ein!
   Schlaf ein, schlaf ein!

   M: Bernhard Fliess
   T: Friedrich Wilhelm Gotter

10. Nun kommt der Sandmann

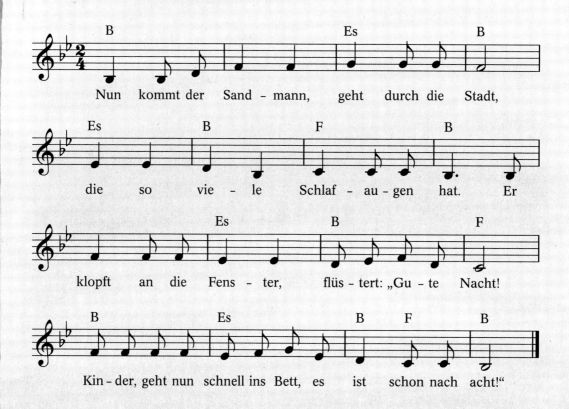

Nun kommt der Sand – mann, geht durch die Stadt,
die so vie – le Schlaf – au – gen hat. Er
klopft an die Fens – ter, flüs – tert: „Gu – te Nacht!
Kin – der, geht nun schnell ins Bett, es ist schon nach acht!"

2. Dann streut der Sandmann
Sand in die Stadt,
die so viele
Schlafaugen hat.
Wenn der Sand gestreut ist
und der Mond aufgeht,
geht der müde Sandmann
in sein Sandmannbett.

M und T: Ulrich Maske

11. Nur im Traum

2. Es gibt Kinder, die laut brüllen – aber nur im Traum.
   Oder die den Drachen killen – aber nur im Traum.
   Manche Kinder zähmen Löwen und man fürchtet sich.
   Oder sie sind unsichtbar und man sieht sie nicht.
   Aber nur im Traum. Immer nur im Traum.

3. Kinder reden, wenn sie schlafen – aber nur im Traum.
   Und sie klettern wie die Affen – aber nur im Traum.
   Sie sind klüger als die Lehrer, sind unheimlich schlau.
   Sie sind mutig und geschickt, wissen ganz genau:
   Alles nur ein Traum. Alles nur ein Traum.

4. Es gibt Kinder, die gut singen – und nicht nur im Traum.
   Die ins kalte Wasser springen – und nicht nur im Traum.
   Manche Kinder sehen Engel, die sonst keiner sieht,
   glauben, dass ein Wunder über Nacht geschieht.
   Und nicht nur im Traum. Und nicht nur im Traum.

M: Eberhard Rink
T: Albrecht Gralle

12. Wer hat die schönsten Schäfchen

Wer hat die schöns-ten Schäf-chen? Die hat der gold-ne Mond,

der hin-ter un-sern Bäu-men am Him-mel dro-ben wohnt.

2. Dort weidet er die Schäfchen
auf seiner blauen Flur;
denn all die weißen Sterne
sind seine Schäfchen nur.

3. Gute Nacht, mein kleines Schäfchen,
auch du gehörst dazu.
Ich wünsch dir eine schöne Nacht,
nun finde deine Ruh.

M: J.Fr. Reichardt
T: A.H. Hoffmann von Fallersleben

13. Papa bist du müde

Refrain

D   Hm   Gmaj7   D

Pa – pa, bist du mü – de?

D   Hm

Pa – pa, was ist

Em7   A7   Em7   A7   Em7   A7

los mit dir? Pa – pa, bist du mü – de?

Em7   A7   D   G   A7

Komm doch her und spiel mit mir!

1. Guck doch mal, der
2. Siehst du nicht mein
3. Ma – ma ist am

D   Hm   Em7   A7   D   Am7   D7

E – le – fant   klet – tert rauf an   mei – ner Wand,
Se – gel – boot   auf dem Meer in   größ – ter Not?
Te – le – fon,   seit ein paar Mi – nu – ten schon.   Sie

M und T:
Rolf Zuckowski

14. Guten Abend, gut Nacht

Gu – ten A – bend, gut Nacht, mit Ro – sen be – dacht,
mit Näg – lein be – stickt schlupf un – ter die Deck:
Mor – gen früh, wenn Gott will, wirst du wie – der ge – weckt,
mor – gen früh, wenn Gott will, wirst du wie – der ge – weckt.

2. Guten Abend, gut Nacht, von Englein bewacht,
   die zeigen im Traum dir Christkindleins Baum.
   Schlaf nun selig und süß, schau im Traum's Paradies,
   schlaf nun selig und süß, schau im Traum's Paradies.

M: Johannes Brahms
T: Georg Scherer

15. Mäh, sagt das kleine Lamm

Mäh, sagt das klei - ne Lamm, mir ist kalt, bin
schon ganz klamm. Mäh, sagt das gro - ße Schaf, sei noch bis heut
A - bend brav. Dann sing ich dich in den Schlaf. Mäh!

2. Rap, singt die Entenschar,
   die so lange schwimmen war,
   lustig ihr Abendlied,
   wie sie durch die Wiese zieht.
   Rap, so singt die Entenschar, rap.

3. Miau, sagt das Katzenkind.
   Jetzt will ich ins Bett geschwind.
   Spiele den ganzen Tag,
   weil ich so gern spielen mag.
   Miau, sagt das Katzenkind, miau.

4. Prrr, sagt der alte Gaul.
   Heut war ich bestimmt nicht faul.
   Stünde ich im warmen Stall,
   hört ich keinen Peitschenknall.
   Prrr, so sagt der alte Gaul, prrr.

5. Wau, sagt der große Hund.
   Jetzt wach ich noch eine Stund.
   Ihr könnt schon träumen gehn
   und es wird euch nichts geschehn.
   Wau, so sagt der große Hund, wau.

M und T: Ulrich Maske

16. Die Mondsilbertaufe

Sieh, der Mond liegt im Flus - se ganz still

und es kom - men der Fi - sche so viel,

wel - che Sil - ber - flut um die blei - che Glut,

was der Mond in dem Flus - se wohl will.

Zwischenspiel nach Strophe 2 und 3

Und ein Fisch – lein springt vol – ler Lust und singt,

war die gan - ze Zeit oh - ne Sil – ber – kleid

Nach der 3. Strophe

und dem Mond tat das Fisch – lein so Leid.

Und dem Mond tat das Fisch – lein so Leid.

2. Eine Nacht voller Elfen und Feen,
   eine Nacht, wie sie selten geschehn,
   Sterne hören auf
   mit dem Sternenlauf,
   halten ein, ihren Mond zu besehn.

3. Soll ein Silberkleid haben wie ihr,
   sagt der Mond zu dem Fische-Spalier,
   komm, du kleiner Fisch,
   tauch hinein in mich,
   eine Mondsilbertaufe mit mir.

M: Reinhard Lakomy
T: Monika Ehrhardt

17. Lichter in der Dunkelheit

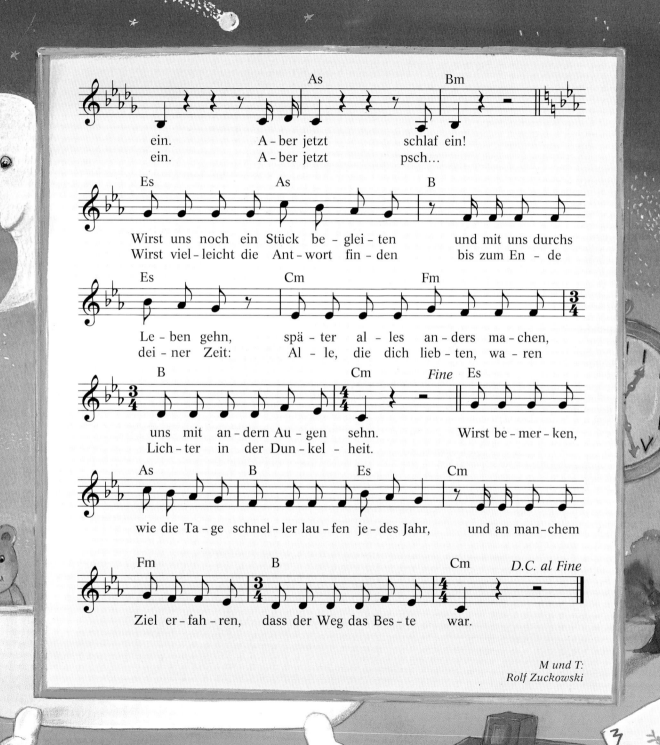

M und T:
Rolf Zuckowski

Inhalts- und Quellenverzeichnis